느릅나무 속잎 피어나듯

세계가 읽는
한국시의 감동
나태주

인간과 자연의 교감
서정시의 적자
권달웅

고요와 적막의 품격
탐미적 율격주의자
유재영

동심까지 아우른
영원한 순결성
이준관

 동학사

나태주 시인 한국시인협회 회장 축하모임에서 2020년 '한국의 집'.
왼쪽부터 이준관, 나태주, 유재영, 권달웅(촬영 조승래 시인)

4인집 「느릅나무 속잎 피어나듯」을 펴내면서

시로서 만나 인생으로 완성되니

　시의 연원은 짐짓 깊고도 멀다. 필경 그 뿌리는 유년에 가 닿을 수도 있고 청소년 시절을 어른거렸을 수도 있겠다. 밭이 좋았다. 기름지고 넓은 밭은 아닐지라도 그 밭은 아담하게 잘 다듬어진 밭이었고 정갈해서 편안하기까지 한 밭이었다. 어버이 마음 같은 밭이었다.

　그 밭에 조그만 씨앗들이 날아와 싹을 틔우기 시작했다. 멀리 가까이, 서로 다른 나무의 씨앗이었다. 오리나무, 산수유, 모과나무, 무찔레, 모란, 대나무, 배나무, 매화나무, 오얏나무, 느릅나무, 백양나무, 소나무, 산도화, 진달래, 살구나무…….

　가지가지 나무들이 조그만 싹을 티워 자라기 시작했다. 처음엔 비슷한 모습이었으나 조금씩 그 모습이 달라져 갔다. 그 밭은 이제 울창한 숲으로 가득 찼다. 지금껏 한 번도 보지 못한 숲을 이룬 것이다. 멀리 선 나무도 있고 가까이 선 나무도 있고 키가 유독 크고 헌칠한 나무도 있다.

　그 가운데 몇 그루 나무. 키가 크지 않고 몸통이 그다지 굵지 않은 몇 그루 나무가 가까이 서 있음을 서로가 찾아내어 조용조용 말문을 트고 살그머니 미소를 섞고 마음을 나누기 시작했다.

마음을 나눈다는 거. 느낌을 나누고 생각을 나누고 소망을 나눈다는 거, 그보다 더 좋은 생명의 일은 없다.

그들은 마음속에 남아 있는 오래되었지만, 여전히 푸르고 싱싱한 문장들을 서로가 나누었다. '밤마다 홀로/ 눈물로 가는 바위가 있기로', '갑사댕기 남 끝동/ 삼삼하고나', ' 도사리고 앉은 채/ 도사리고 앉은 채/ 울음 우는 사람/ 귀밑 사마귀', '산이 날 에워싸고/ 씨나 뿌리며 살아라 한다/ 밭이나 갈며 살아라 한다'.

처음엔 '산도화'로 시작했다. 산도화. 이 세상에 없는 나무. 그러나 마음속에는 분명히 살아있는 나무. 그 나무 그늘에 몇 그루의 나무가 조촐히 모여서 서로의 모습을 보았고 그리고는 웃음 지었다. 이제는 제법 세월을 먹어 주름지고 기울고 성글어진 모습. 하지만 그런 스스로의 모습을 나무라지 않았다.

이제는 다시 느릅나무 아래 앉기로 한다. 봄이면 새싹을 제일 늦게 피우는 나무. 짐짓 자기 자랑하지 않고 다른 나무와 다투지 않는 나무. 짐승들도 몸에 상처가 생기면 찾아와 제 상처를 나무 밑동에 부벼 상처를 치유하는 나무. 약이 되고 구원이 되고 용서가 되고 화평이 되는 나무.

이제 작은 나무들은 비록 이름 다르고 색깔 다르고 모습이 다르지만 스스로 한 형제이기를 자처한다. 싹을 틔우고 뿌리 내려 자라난 밭이 같으니 형제요 이웃하고 살았으니 형제요 서로 시기 질투하지 않으니 형제 가운데서도 더없이 좋은 형제인 것이다.

  그들은 오래 기다려준 스스로에게 감사한다. 오래 견디며 살아남아준 스스로에게 감격한다. 이제 키 작은 나무들은 늙어 구부정한 모습이지만 생명의 끝날까지 잡은 손 놓지 않을 것을 다짐한다. 형님과 아우가 따로 없다. 서로가 형님이고 서로가 아우다. 시로서 만나 인생으로 완성되니 이 얼마나 좋은 일인가.

2024년 봄날에
권달웅, 나태주, 유재영, 이준관 함께

차례

세계가 읽는
한국시의 감동
나태주

상수리나뭇잎 떨어진 숲으로	15
다시 산에 와서	16
변방의 풀잎	18
외할머니	24
어린 날에 듣던 솔바람 소리	26
등 너머로 훔쳐 듣는 대숲바람 소리	28
내가 꿈꾸는 여자	30
화이트 크리스마스	32
그리움	34
돌멩이	35
꽃 피우는 나무	36
행복	38
산수유꽃 진 자리	39
천천히 가는 시계	40
너무 그러지 마시어요	42
부탁	43
멀리서 빈다	44
11월	45
안부	46
너도 그러냐	47
꽃그늘	48
사랑은 언제나 서툴다	49
꽃·1	50
꽃·2	51
아끼지 마세요	52
선물	54
이 가을에	55
유언시	56
묘비명	58
별	59

인간과 자연의 교감
서정시의 적자
권달웅

고요의 무게	67
휘어진 낮달과 낫과 푸른 산등성이	68
삼각형 모서리	70
외갓집 모란꽃	71
파적	72
슬픈 졸업식	73
작은 평화	74
토닥토닥	75
설악 오소리	76
너 없으면	78
웃음소리	80
염소 똥은 고요하다	81
근성	82
와불	84
치과에서	85
대립	86
개구리울음소리	87
거제 학동 몽돌	88
하루살이에게	90
해맞이	91
크낙새를 찾습니다	92
반딧불이 날다	94
대숲 바람	95
무명저고리 매듭단추	96
장님의 봄	98
받아 쓴 시	99
사무치는 이유	100
함박눈	101
동지 이후	102
그날의 빗소리	104

고요와 적막의 품격
탐미적 율격주의자
유재영

구절리 햇빛	111
소리	112
백년의 그늘	113
밤섬	114
느티나무 비명碑銘	116
가랑잎 무게	117
울금빛 저녁	118
북천 北天	119
은적사	120
소풍	121
버들치 성불	122
전동	123
종가	124
메밀국수	125
우리나라 보름달	126
차령산맥에 대한 완만한 고백 · 1	127
차령산맥에 대한 완만한 고백 · 2	128
구름 농사	129
가랑잎 길	130
가랑잎 문상	132
인생 달밤	133
어느 마라토너의 거짓과 진실	134
오래된 가을	135
별을 보며	136
특종	137
봄에 대한 지극히 동양적 비유	138
화답	139
국수 한 그릇	140
겨울 유물론唯物論	142
꽃의 조건	143

동심까지 아우른
영원한 순결성
이준관

천 조각	149
눈길을 가면 닿는 마을	150
물방울	152
두부 한 모의 행복	153
넘어져 본 사람은	154
한 통	155
파 냄새 풍기는 저녁	156
나비잠	157
여름 별자리	158
싸락눈 내리는 저녁	160
눈보라	162
허리를 굽혀	163
꽃 보자기	164
목공소의 목공	166
아기의 방	168
비	170
시골 버스정류장에서	172
얼룩	174
찻잔	175
험한 세상 다리가 되어	176
사람의 밥	178
단풍나무	179
면장갑	180
쑥을 캔다	181
쪼그만 풀꽃	182
가을아 머물다 가거라	183
빈 의자	184
삐비꽃	186
강마을을 지나다	188
흙 묻은 손	190

RA TAE JOO

나태주

충남 서천 출생. 1971년 《서울신문》 신춘문예로 등단. 『대숲 아래서』부터 『좋은 날 하자까지』 50권의 시집을 출간했다. 소월시문학상, 정지용문학상 등 수상.
tj4503@naver.com

나태주 시 평설

나태주 시인은 스스로 시가 인간의 아름다운 심성으로부터 빚어지고 있음을 보여준다. 그의 시는 마음의 흐름을 용케도 잘 따른다. 시가 마음을 말한 것[詩言志]이라는 평범한 진리를 여기서 확인할 수 있다.

- 권영민(문학평론가, 시집 『제비꽃 연정』 해설문)

시작의 출발기부터 지금까지 천진하면서고 깊이를 지닌 사랑의 정신을 추구하여 그 나름의 성취를 보았듯 중년 이후 탐색해가는 동양적 허정(虛靜)의 경지도 그의 시에 있어서나 삶에 있어서 보람찬 전기의 하나로 기록될 것이다.

- 이숭원(문학평론가, 시선집 『추억의 묶음』 해설문)

나는 이 시인을 아주 잘 알고 있는데, 내가 알기론 이 시인의 소원은 단 한가지 밖에 없다. 세상이 덜 아팠으면 좋겠다는 것. 이 간단하고도 큰 소원이 모든 사람에게 이루어지기를 시인의 마음으로 빌어본다.

- 나민애(문학평론가, 시 해설집 『내게로 온 시 너에게 보낸다』)

말하지 않음으로써 과잉을 경계하는 이러한 작법은 상상적 능동성을 통해 현대시의 잃어버린 아우라를 회복하는 강력한 방법으로 다가올 것이다. 나태주 시인의 따듯하고 투명한 서정의 사제로서 보여준 시인으로서의 위의(威儀)가 더없이 융융하게 다가오는 까닭이다.

- 유성호(문학평론가, 제9회 윤동주문학대상 심사평)

시인의 시를 읽는 동안 우리는 '너'에게로 몸을 기울이면서도 '나'의 뿌리를 튼튼하게 길러내는 마음의 운동을 할 수 있다. 우리는 시집을 펼쳤고, 시인의 꽃밭에는 오늘도 문지기가 없다.
- 정실비(문학평론가, 시집 『너와 함께라면 인생도 여행이다』 해설문)

상수리나뭇잎 떨어진 숲으로

오뉴월에 껴 입은 옷들을 거의 다 벗어가는 그대여.
가자, 가자.
나도 거의 다 입은 옷 벗어가니
상수리나무 나뭇잎 떨어져 쌓인 상수리나무 숲으로
칡순같이 얽혀진 손을 서로 비비며.

와삭와삭 돌아눕는 낙엽 아래
그 동안 많이도 잃어진 천국의 샘물을 찾으러,
가으내 머리 감을 때마닥
뽑혀나간 머리카락들을 찾으러.

가자, 가자,
마지막 남은 옷들을 벗기 위하여
상수리나뭇잎 떨어진 상수리나무 숲으로
이젠 뼈마디만 남은
열개 스무개 발가락들 서로 비비며.
열개 스무개 마음의 뼈마디들 서로 비비며.

다시 산에 와서

세상에 그 흔한 눈물
세상에 그 많은 이별들을
내 모두 졸업하게 되는 날
산으로 다시 와
정정한 소나무 아래 터를 잡고
둥그런 무덤으로 누워
억새풀이나 기르며
솔바람 소리나 들으며 앉아있으리.

멧새며 소쩍새 같은 것들이 와서 울어주는 곳,
그들의 애인들꺼정 데불고 와서 지저귀는
햇볕이 천년을 느을 고르게 비추는 곳쯤에 와서
밤마다 내리는 이슬과 서리를 마다하지 않으리.
길길이 쌓이는 장설(壯雪)을 조한 탓하지 않으리.

내 이승에서 빚진 마음들을 모두 갚게 되는 날,
너를 사랑하는 마음까지
백발로 졸업하게 되는 날
갈꽃 핀 등성이 너머
네가 웃으며 내게 온다 하도

하낫도 마음 설레일 것 없고
하낫도 네게 들려줄 얘기 이제 내게 없으니
너를 안다고도
또 모른다고도
숫제 말하지 않으리.

그 세상에 흔한 이별이며 눈물,
그리고 밤마다 오는 불면들을
내 모두 졸업하게 되는 날,
산에 다시 와서
싱그런 나무들 옆에
또 한 그루 나무로 서서
하늘의 천둥이며 번개들을 이웃하여
떼강물로 울음 우는 벌레들의 밤을 싫다 하지 않으리.
푸르디푸른 솔바람 소리나 외우고 있으리.

변방의 풀잎

1
아침에 잠 깨어
뒤뜰에 나가 보면
나보다 먼저 잠 깬 풀잎,
풀잎 끝 이슬.

부신 햇살에
목욕을 하고
쏴, 쏴, 물 끼얹는 소리를 내며
목욕을 하고,

대숲에서
이슬방울을 털며 쏟아지는
아침 참새 떼……

빛이 모이는 곳에
새소리들도 모여서
어쩜 그건 쨍그랑, 쨍그랑,
햇빛 깨어지는 소리로

내 어지러운 지난밤
꿈을 씻는다.
나의 아침 하루
더딘 출범出帆의 돛폭을 단다.

2
사람이 싫어
사람 냄새가 싫어
인가 멀리
사람 발자국 끊긴 곳
무성하게 자라나는 풀잎.
무성하게 자라나는 고요.

사람이 싫어
사람 냄새가 싫어
인가 멀리
우거진 풀숲에
짜아하니 흩어진
가을 풀벌레 울음.

물이 아니어도
물같이 스미는 마음아.
달빛이 아니어도
달빛같이 부서져 반짝이는 마음아.

도라지꽃 싸리꽃 우거진 곳에
쓰러져 통곡하는 우리들 청춘,
우리들 젊은 날의 사랑아.

3
외할아버지 일찍
저승으로 보내시고
시집보낸 외동딸이 오는가,
외손자들 오는가,

문 밖에 서성이는 나뭇잎 하나에도
소스라쳐 놀래시는 귀[耳]가 커서

희끗희끗 흰구름 사위어지는
언덕에 올라

먼먼 들길만 보며
들길에 오가는 낯선 바람 그림자들만 기웃거리며

여린 풀잎에 몸을 기대어 한평생
외할머니는
그렇게 사시는 분.

한 줄기 풀벌레 울음소리에 몸을 기대어
여린 풀잎 그림자에 몸을 숨기어
외할머니는 그렇게
한평생을 사시는 분.

4
해가 진 지 오래도록
대숲에서 지줄거리는
산새들.

아마
산새들의 가슴속에는
아직도 따스한 햇살이 남아 있나 보오.

빛나는 노을 조각이라도 남아 있나 보오.

해가 지자
더욱 요란스레
풀벌레 울음소리
대숲의 아랫도릴 흔들고

대숲의 발부릴 적시는
찬 저녁 이슬,

아마
내 가슴속에도 아직은
따스한 노래가 남아 흐르나 보오.
정다운 얘기가 남아 속삭이나 보오.

5
곱게 쓸리는 억새풀꽃 따라 가을바람 따라
혼자 휘파람 불며 가을길을 가노라면
어느새 나는 꿈꾸어라.

옥수숫대 수숫대 어우러진 풀덤불 사이
밤이 와도 불이 켜지지 않는 초가집 한 채.
사람들 비우고 떠나간 오두막집 한 채.

갈꽃 향기에 젖어
가을 풀벌레 울음소리에 젖어
쓰러질 듯 쓰러질 듯 그 오두막.

거기 살던 사람들은 떠났어도 가을은 와서
마당 앞 옹달샘은 맑게 솟아
슬픈 눈을 뜨고 있어라.

거기 살던 사람들은 떠났어도 가을은 와서
뒤뜰에 밤나무 송이 벌고
앞뜰에 감나무 감알이 여물었어라.

외할머니

시방도 기다리고 계실 것이다,
외할머니는.

손자들이
오나 오나 해서
흰옷 입고 흰 버선 신고

조마조마
고목나무 아래
오두막집에서.

손자들이 오면 주려고
물렁감도 따다 놓으시고
상수리묵도 쑤어 두시고

오나 오나 혹시나 해서
고갯마루에 올라
들길을 보며.

조마조마 혼자서
기다리고 계실 것이다,
시방도 언덕에 서서만 계실 것이다,
흰옷 입은 외할머니는.

어린 날에 듣던 솔바람 소리

시래기밥 먹고
마당가에 나온 겨울 저녁이면
일기 시작하는 솔바람 소리,
아아, 저절로 배부르구나.

호롱불 어둑한 부엌에서
설거지하던 어머닌
어디 가셨나?
또 군대 가신 아버지 생각에
장독대 뒤로 눈물 닦으러 가신 게지.

밥을 많이 먹으면
쉽게 하품이 나와
방에 다시 들어와
어둑한 등불빛 아래
다시 듣는 솔바람 소리면
아아, 졸립구나 졸립구나.

자리끼가 떵떵 어는 추위에도
어기잖고 또 아침은 와

눈덮인 산에서
기어 내려오는 솔바람 소리,
어쩐지 배 고프구나 고프구나.
시래기밥 먹은 배
쉽게쉽게 쓰리구나.

등 너머로 훔쳐 듣는 대숲바람 소리

등 너머로 훔쳐 듣는 남의 집 대숲바람 소리 속에는
밤 사이 내려와 놀던 초록별들의
퍼렇게 멍든 날갯죽지가 떨어져 있다.
어린 날 뒤울안에서
매 맞고 혼자 숨어 울던 눈물의 찌꺼기가
비칠비칠 아직도 거기
남아 빛나고 있다.

심청이네집 심청이
빌어먹으러 나가고
심봉사 혼자 앉아
날무처럼 끄들끄들 졸고 있는 툇마루 끝에
개다리소반 위 비인 상사발에
마음만 부자로 쌓여주던 그 햇살이
다시 눈 트고 있다, 다시 눈 트고 있다.
장승상네 참대밭의 우레 소리도
다시 무너져서 내게로 달려오고 있다.

등 너머로 훔쳐 듣는
남의 집 대숲바람 소리 속에는
내 어린 날 여름 냇가에서
손바닥 벌려 잡다 놓쳐버린
발가벗은 햇살의 그 반쪽이
앞질러 달려와서 기다리며
저 혼자 심심해 반짝이고 있다.
저 혼자 심심해 물구나무 서 보이고 있다.

내가 꿈꾸는 여자

1
내가 꿈꾸는 여자는
발가락이 이쁜 여자.
발뒤꿈치가 이쁜 여자.
발톱이 이쁜 여자.

정말로 내가 꿈꾸는 여자는
발가락에 때가 묻지 않은 여자.
발뒤꿈치에 때가 묻지 않은 여자.
발톱에 때가 묻지 않은 여자.

그리고 감옥 속에 갇혀서
다소곳이 기다릴 줄도 아는 발을 가진
그러한 여자.

2
그녀의 발은 꽃이다.
그녀의 발은 물에서 금방 건져낸 물고기다.
그녀의 발은 풀밭에 이는 바람이다.
그녀의 발은 흰 구름이다.

그녀의 발은
내 가슴을 짓이기기 위해서만 존재한다.
그녀의 발 아래서
나의 가슴은 비로소 꽃잎일 수 있다.
그녀의 발 아래서
나의 가슴은 비로소 흰구름일 수 있다.
금방 물에서 건져낸 물고기일 수도 있다.

화이트 크리스마스

크리스마스이브
눈 내리는 늦은 밤거리에 서서
집에서 혼자 기다리고 있는
늙은 아내를 생각한다

시시하다 그럴 테지만
밤늦도록 불을 켜놓고 손님을
기다리는 빵 가게에 들러
아내가 좋아하는 빵을 몇 가지
골라 사들고 서서
한사코 세워주지 않는
택시를 기다리며
이십 년하고서도 육 년 동안
함께 산 동지를 생각한다

아내는 그동안 네 번
수술을 했고
나는 한 번 수술을 했다
그렇다, 아내는 네 번씩
깨진 항아리이고 나는
한 번 깨진 항아리이다

눈은 땅에 내리자마자
녹아 물이 되고 만다
목덜미에 내려 섬뜩섬뜩한
혓바닥을 들이밀기도 한다

화이트 크리스마스
크리스마스이브 늦은 밤거리에서
한 번 깨진 항아리가
네 번 깨진 항아리를 생각하며
택시를 기다리고 또
기다린다.

그리움

가지 말라는데 가고 싶은 길이 있다
만나지 말자면서 만나고 싶은 사람이 있다
하지 말라면 더욱 해보고 싶은 일이 있다

그것이 인생이고 그리움
바로 너다.

돌멩이

흐르는 맑은 물결 속에 잠겨
보일 듯 말 듯 일렁이는
얼룩무늬 돌멩이 하나
돌아가는 길에 가져가야지
집어 올려 바위 위에
놓아두고 잠시
다른 볼일 보고 돌아와
찾으려니 도무지
어느 자리에 두었는지
찾을 수가 없다

혹시 그 돌멩이, 나 아니었을까?

꽃 피우는 나무

좋은 경치 보았을 때
저 경치 못 보고 죽었다면
어찌했을까 걱정했고

좋은 음악 들었을 때
저 음악 못 듣고 세상 떴다면
어찌했을까 생각했지요

당신, 내게는 참 좋은 사람
만나지 못하고 이 세상 흘러갔다면
그 안타까움 어찌했을까요……

당신 앞에서는
나도 온몸이 근지러워
꽃 피우는 나무

지금 내 앞에 당신 마주 있고
당신과 나 사이 가득
음악의 강물이 일렁입니다

당신 등 뒤로 썰렁한
잡목 숲도 이런 때는 참
아름다운 그림 나라입니다.

행복

저녁 때
돌아갈 집이 있다는 것

힘들 때
마음속으로 생각할 사람 있다는 것

외로울 때
혼자서 부를 노래 있다는 것.

산수유꽃 진 자리

사랑한다, 나는 사랑을 가졌다
누구에겐가 말해주긴 해야 했는데
마음 놓고 말해줄 사람 없어
산수유꽃 옆에 와 무심히 중얼거린 소리
노랗게 핀 산수유꽃이 외워두었다가
따사로운 햇빛한테 들려주고
놀러온 산새에게 들려주고
시냇물 소리한테까지 들려주어
사랑한다, 나는 사랑을 가졌다
차마 이름까진 말해줄 수 없어 이름만 빼고
알려준 나의 말
여름 한 철 시냇물이 줄창 외우며 흘러가더니
이제 가을도 저물어 시냇물 소리도 입을 다물고
다만 산수유꽃 진 자리 산수유 열매들만
내리는 눈발 속에 더욱 예쁘고 붉습니다.

천천히 가는 시계

천천히, 천천히 가는
시계를 하나 가지고 싶다

수탉이 길게, 길게 울어서
아, 아침 먹을 때가 되었구나 생각을 하고
뻐꾸기가 재게, 재게 울어서
어, 점심 먹을 때가 지나갔군 느끼게 되고
부엉이가 느리게, 느리게 울어서
으흠, 저녁밥 지을 때가 되었군 깨닫게 되는
새의 울음소리로만 돌아가는 시계

나팔꽃이 피어서
날이 밝은 것을 알고 또
연꽃이 피어서 해가 높이 뜬 것을 알고
분꽃이 피어서 구름 낀 날에도
해가 졌음을 짐작하게 하는
꽃의 향기로만 돌아가는 시계

나이도 먹을 만큼 먹어가고
시도 쓸 만큼 써보았으니
인제는 나도 천천히 돌아가는
시계 하나쯤 내 몸 속에
기르며 살고 싶다.

너무 그러지 마시어요

　너무 그러지 마시어요. 너무 섭섭하게 그러지 마시어요. 하나님, 저에게가 아니에요. 저의 아내 되는 여자에게 그렇게 하지 말아달라는 말씀이에요. 이 여자는 젊어서부터 병과 더불어 약과 더불어 산 여자예요. 세상에 대한 꿈도 없고 그 어떤 사람보다도 죄를 안 만든 여자예요. 신장에 구두도 많지 않은 여자구요, 장롱에 비싸고 좋은 옷도 여러 벌 가지지 못한 여자예요. 한 남자의 아내로서 그림자로 살았고 두 아이의 엄마로서 울면서 기도하는 능력밖엔 없는 여자이지요. 자기 이름으로 꽃밭 한 평, 채전 밭 한 귀퉁이 가지지 못한 여자예요. 남편 되는 사람이 운전조차 할 줄 모르는 쑥맥이라서 언제나 버스만 타고 다닌 여자예요. 돈을 아끼느라 꽤나 먼 시장길도 걸어 다니고 싸구려 미장원에만 골라다닌 여자예요. 너무 그러지 마시어요. 가난한 자의 기도를 잘 들어 응답해주시는 하나님, 저의 아내 되는 사람에게 너무 섭섭하게 그러지 마시어요.

부탁

너무 멀리까지는 가지 말아라
사랑아

모습 보이는 곳까지만
목소리 들리는 곳까지만 가거라

돌아오는 길 잊을까 걱정이다
사랑아.

멀리서 빈다

어딘가 내가 모르는 곳에
보이지 않는 꽃처럼 웃고 있는
너 한 사람으로 하여 세상은
다시 한번 눈부신 아침이 되고

어딘가 네가 모르는 곳에
보이지 않는 풀잎처럼 숨 쉬고 있는
나 한 사람으로 하여 세상은
다시 한번 고요한 저녁이 온다

가을이다, 부디 아프지 마라.

11월

돌아가기엔 이미 너무 많이 와버렸고
버리기에는 차마 아까운 시간입니다

어디선가 서리 맞은 어린 장미 한 송이
피를 문 입술로 이쪽을 보고 있을 것만 같습니다

낮이 조금 더 짧아졌습니다
더욱 그대를 사랑해야 하겠습니다.

안부

오래
보고 싶었다

오래
만나지 못했다

잘 있노라니
그것만 고마웠다.

※ 41년 전에 내가 열아홉 살짜리 햇병아리 선생으로 경기도 연천군 군남면 옥계리 군남국민학교 옥계분실에서 만났던 아홉 살짜리 2학년 학생이던 조해숙이가 부산서부터 다섯 시간 반을 자동차로 달려 남편과 함께 나를 찾아왔다. 그 날도 우리는 금강 가 <새이학>이란 식당에서 국밥 한 그릇씩을 나누어 먹고 사진도 한 장 찍지 못하고 헤어져야만 했다. (2005. 3. 4)

너도 그러냐

나는 너 때문에 산다

밥을 먹어도
얼른 밥 먹고 너를 만나러 가야지
그러고
잠을 자도
얼른 날이 새어 너를 만나러 가야지
그런다

네가 곁에 있을 때는 왜
이리 시간이 빨리 가나 안타깝고
네가 없을 때는 왜
이리 시간이 더딘가 다시 안타깝다

멀리 길을 떠나도 너를 생각하며 떠나고
돌아올 때도 너를 생각하며 돌아온다
오늘도 나의 하루해는 너 때문에 떴다가
너 때문에 지는 해이다

너도 나처럼 그러냐?

꽃그늘

아이한테 물었다

이담에 나 죽으면
찾아와 울어줄 거지?

대답 대신 아이는
눈물 고인 두 눈을 보여주었다.

사랑은 언제나 서툴다

서툴지 않은 사랑은 이미
사랑이 아니다
어제 보고 오늘 보아도
서툴고 새로운 너의 얼굴

낯설지 않은 사랑은 이미
사랑이 아니다
금방 듣고 또 들어도
낯설고 새로운 너의 목소리

어디서 이 사람을 보았던가……
이 목소리 들었던가…
서툰 것만이 사랑이다
낯선 것만이 사랑이다

오늘도 너는 내 앞에서
다시 한번 태어나고
오늘도 나는 네 앞에서
다시 한번 죽는다.

꽃·1

다시 한번만 사랑하고
다시 한번만 죄를 짓고
다시 한번만 용서를 받자

그래서 봄이다.

꽃·2

예뻐서가 아니다
잘나서가 아니다
많은 것을 가져서도 아니다
다만 너이기 때문에
네가 너이기 때문에
보고 싶은 것이고 사랑스런 것이고 안쓰러운 것이고
끝내 가슴에 못이 되어 박히는 것이다
이유는 없다
있다면 오직 한 가지
네가 너라는 사실!
네가 너이기 때문에
소중한 것이고 아름다운 것이고 사랑스런 것이고 가득한 것이다
꽃이여, 오래 그렇게 있거라.

아끼지 마세요

좋은 것 아끼지 마세요
옷장 속에 들어 있는 새로운 옷 예쁜 옷
잔칫날 간다고 결혼식장 간다고
아끼지 마세요
그러다 그러다가 철 지나면 헌옷 되지요

마음 또한 아끼지 마세요
마음속에 들어 있는 사랑스런 마음 그리운 마음
정말로 좋은 사람 생기면 준다고
아끼지 마세요
그러다 그러다가 마음의 물기 마르면 노인이 되지요

좋은 옷 있으면 생각날 때 입고
좋은 음식 있으면 먹고 싶은 때 먹고
좋은 음악 있으면 듣고 싶은 때 들으세요
더구나 좋은 사람 있으면
마음속에 숨겨두지 말고
마음껏 좋아하고 마음껏 그리워하세요

그리하여 때로는 얼굴 붉힐 일
눈물 글썽일 일 있다한들
그게 무슨 대수겠어요!
지금도 그대 앞에 꽃이 있고
좋은 사람이 있지 않나요
그 꽃을 마음껏 좋아하고
그 사람을 마음껏 그리워하세요.

선물

하늘 아래 내가 받은
가장 커다란 선물은
오늘입니다

오늘 받은 선물 가운데서도
가장 아름다운 선물은
당신입니다

당신 나지막한 목소리와
웃는 얼굴, 콧노래 한 구절이면
한 아름 바다를 안은 듯한 기쁨이겠습니다.

이 가을에

아직도 너를
사랑해서 슬프다.

유언시
— 아들에게 딸에게

　아들아 딸아, 지구라는 별에서 너희들
　애비로 만난 행운을 감사한다
　애비의 삶 길고 가느른 강물이었다
　약관의 나이, 문학에의 꿈을 품고 교직에 들어와
　43년 넘게 밥을 벌어먹고 살았으며
　시인교장이란 말을 들을 때가 가장 좋은 시절이었
지 싶다

　그 무엇보다도 한 사람 시인으로 기억되기를 희망
한다
　우렁차고 커다란 소리를 내는 악기보다는 조그맣고
고운
　소리를 내는 악기이고 싶었다
　아들아, 이후에도 애비의 이름을 기억하는 사람을
만나거든
　함부로 대하지 않기를 부탁한다
　딸아, 네가 나서서 애비의 글이나 인생을 말하지 않
기를 바란다

나의 작품은 내가 숨이 있을 때도 나의 소유가 아니고
내가 지상에서 사라진 뒤에도 나의 것이 아니다
저희들끼리 어울려 잘 살아가도록 내버려 두거라
민들레 홀씨가 되어 날아가든 느티나무가 되든 종소리가 되어
사라지고 말든 내버려 두거라.

인생은 귀한 것이고 참으로 아름다운 것이란 걸
너희들도 이미 알고 있을 터,
하루하루를 이 세상 첫날처럼 맞이하고
이 세상 마지막 날처럼 정리하면서 살 일이다
부디 너희들도 아름다운 지구에서의 날들
잘 지내다 돌아가기를 바란다
이담에 다시 만날지는 나도 잘 모르겠구나.

묘비명

많이 보고 싶겠지만
조금만 참자.

별

우리는 한 사람씩 우주공간을 흐르는 별이다. 머언 하늘길을 떠돌다 길을 잘못 들어 여기 이렇게 와 있는 별들이다. 아니다. 우리는 오래전부터 서로 그리워하고 소망했기에 여기 이렇게 한자리에서 만나게 된 별들이다,

그러니 너와 나는 기적의 별들이 아닐 수 없다. 하늘길 가는 별들은 다만 반짝일 뿐 서러운 마음 외로운 마음을 가지지 않는 별들이다. 그러나 우리는 순간순간 외로워하고 서러워할 줄 아는 별들이다. 안타까워할 줄도 아는 별들이다. 그러니 우리가 얼마나 사랑스런 별들이겠는가!

부디 편안한 마음으로 따뜻한 마음으로 잠시 그렇게 머물다 가기 바란다. 오직 사랑스런 마음으로 기쁜 마음으로 내 앞에 잠시 그렇게 있다가 가기 바란다. 굳이 재촉하지 않아도 이별의 시간은 빠르게 오고 우리는 그 명령을 따라야만 한다. 그리하여 너는 너의 하늘길을 가야하고 나는 또 나의 하늘길을 열어야 한다.

우리가 앞으로 다시 만난다는 기약은 바랄 수도 없는 일이다. 어쩌면 이것이 처음이자 마지막 만남일 수도 있겠다. 그리하여 우리는 앞으로도 오래 외롭고 서럽고 안타깝기까지 할 것이다. 부디 너 오늘 우리가 이 자리 이렇게 지극히 정답게 아름답게 만났던 일들을 잊지 말기 바란다. 오늘 우리의 만남을 기억한다면 앞으로도 많은 날 외롭고 서럽고 안타까운 순간에도 그 외로움과 서러움과 안타까움이 조금은 줄어들 것이다.

나도 하늘길 흐르다가 멀리 아주 멀리 반짝이는 별 하나 찾아낸다면 그것이 진정 너의 별인 줄 알겠다. 나의 생각과 그리움이 머물러 그 별이 더욱 밝은 빛으로 반짝일 때 너도 나를 알아보고 나를 향해 웃음 짓는 것이라 여기겠다. 앞으로도 우리 오래도록 반짝이면서 외로워하기도 하고 서러워하기도 하자.

오늘 우리가 여기서 이렇게 헤어지고 난다면 어디서 또다시 만난다 하겠는가? 잡았던 손 뿌리치고 나면 언제 또 그 손을 잡을 날 있다 하겠는가? 너무도 사랑스럽고 어여쁜 너. 오직 기적의 별인 너. 많이 반짝이는 너의 별을 데리고 이제는 너의 길을 가라. 나도 나의 길을 가련다. 아이야, 오늘은 여기서 안녕히! 나에게도 안녕히!

KWON DAL WOONG

권달웅

1975년 『심상』으로 등단. 시집 「해바라기 환상」, 「달빛 아래 잠들다」, 「염소 똥은 고요하다」, 「꿈꾸는 물」, 「휘어진 낮달과 낫과 푸른 산등성이」 외 10권 목월문학상, 신석초문학상, 한국시인협회상 수상
kwondal22@hanmail.net

권달웅 시 평설

권달웅 시인의 시는 맑고 고요함이 인상적이다. 맑고 고요함의 세계는 인위적이지 않고 꾸밈이 없는 순수한 자연 상태에서 얻어진다. 그가 근원적 삶의 본질이나 속성에 대한 탐구를 지속적으로 하는 것은 어두운 현실 속에서 잃어버린 이상과 정신을 회복하려는 귀소본능 의지에서 비롯된 것이며, 혼탁한 삶을 헤쳐 나가려는 극기의 정신이라고 할 수 있다. 그의 시는 소란한 현실과 지고지순한 자연을 조응하여 적절한 거리를 유지함으로써 정신의 맑음과 고요함을 지켜나가려는 절조의 의지를 내포하고 있는 것이다.

― 김현(문학평론가)

권달웅 정서의 근원은 경상북도 오지 봉화에 있다. 그의 정서는 유구한 것, 전통적인 것, 자연처럼 살아 있는 사람들에 시점을 두고 있다. 그렇기 때문에 그의 정서는 질박하고 순수한 사람들에게서 퍼져나는 안온한 온기가 서려있으며 인정적인 것이다. 고향의 달빛, 들꽃, 풀벌레, 새, 물 등의 원형적 대상들을 구사하여 이상적 세계를 응축해내는 그의 시는 다른 어느 시인보다도 개성적이며 간결하고 아름답다.

― 이건청(시인)

그의 시에는 사람살이의 어려움에 대한 한탄, 일그러진 삶에 대한 야유와 비애, 나아가 사람살이의 가장 바람직스런 것은 어떤 것일까에 대한 슬기와 궁리가 그득 담겨 있다. 그의 언어는 자연과 토속적 정서에 바탕을 두고 있어 쉬우면서도 부드럽고 친화감을 준다. 그는 과거에 경험한 풍경을 직설적인 진술을 하지 않고 오늘의 삶과 대조하여 은유, 비유, 상징의 표현법을 구사하여 신선한 이미지를 확산한다.　　　　　　　　　－ 홍신선(시인)

그는 전통적 정서를 자연을 통해 이미지화한다는 점에서 목월시의 정서와 시풍을 계승하고 있다. 대상을 추상하는 사상과 언어의 감각은 서정시의 새로운 형태를 현현하고 있다. 그는 인간과 문명, 자연적인 것과 인위적인 것을 조응하여 삶의 근원적인 물음을 제시고 있다. 그의 시는 동양적 사유의 세계를 지니고 있어 정갈하고 단아한 기품을 보여준다. 그의 시에는 어려운 현실 속에서 도달하지 못한 꿈의 편린들, 현대의 도시생활과 거대한 물질문명 속에서 신음하는 작은 생명들, 소외받고 살아가는 소시민의 고통과 애달픔이 주조를 이루고 있다.

　　　　　　　　　　　　　　　－ 김유중(문학평론가)

고요의 무게

저물 무렵 포플러 나무에서
재잘거리는 참새 떼처럼
살아 움직일 때에는
고요를 알지 못한다

공연이 끝난 무대
화장터에 피어오르는 연기
구석으로 몰리는 가랑잎
죽은 시인의 시

움직이던 것들이 멈추면
방금 전의 소란함이
문득 고요해진다

멀리 걸어온 사람이 소실점이 되어
씨앗처럼 날아갈 때
실리는 바람의 무게처럼

휘어진 낮달과 낫과 푸른 산등성이

아득히 먼 산등성이에
낮달이 걸렸다

벗어놓은 지게에
낫이 꽂혔다

희미한 낮달도 닳은 낫도
등이 휘어졌다

푸른 산등성이도 아버지도
등이 휘어졌다

낫은 창백하고
낮달은 애달프다

아버지는 고달프고
산등성이는 가파르다

모두 등이 휘어지도록
무거운 짐을 졌다

가도 가도 멀고 험준한
생의 비탈길

삼각형 모서리

삼각형은 모서리가 셋이다
꼭짓점이 송곳 같다
중심부에서 떨어져 있다

외톨이처럼 떨어져 사는 것이
오히려 편안하다
소외되어도 상관없다
묵언으로 대답한다

구석으로 밀려난 것들은
날카롭게 각이 서 있다
중심을 앙숙처럼 노려본다

모서리는 상처가 많다
모서리는 중심을 노려보지만
구석을 구석답게 한다

외갓집 모란꽃

 산 너머 안분골 외갓집 마당가엔 돌을 쌓아올린 꽃밭이 있었다. 오월이면 외갓집엔 모란꽃이 만발했다. 외삼촌 환갑 전날 밤에 나는 어머니와 외갓집에 갔다. 어머니는 메밀묵을 짊어진 나를 앞세우고 가면서, 정성들인 메밀묵이 물 대중 잘못을 해 물러버렸다고 아주 속상해하셨다.
 외갓집마당에 들어서자, 메밀묵 광주리를 얼른 받아든 외숙모는 어머니의 딱한 사정을 듣고 나서도, 고맙다는 인사말을 연신하셨다.
 나는 괜히 미안쩍은 마음이 들어, 뒤란 오줌장군에 가 오줌을 누고 얼른 마당가 꽃밭으로 갔다. 작은 꽃밭에는 모란꽃이 한창 만발해서, 어머니 정성을 다 아는 듯 보름달처럼 환하게 웃고 있었다.

파적

묘적사 뒤란 들마루에
살구나무 그늘이 내려왔다
살구나무 그늘 아래
동자승이 앉아 놀고 있다

살구나무 잎새에 바람이 불었다
가끔 노랗게 익은 살구가
툭 하고 떨어진다

살구가 떨어질 때마다
들마루에 앉아 있던
고요가 움찔한다

슬픈 졸업식

하철아, 너를 찾아간 집은 재건축아파트 뒤 펄럭거리는 비닐하우스였어. 집나갔다가 열흘 만에 등교한 너를 데리고 눈 내리는 학교건물 옥상에 올라갔지. 걷어 올린 너의 왜소한 종아리에는 의붓아버지에게 맞은 멍 자국이 퍼렇게 나 있었어. 그 아픈 상처를 내가 어루만져줄 때 흐느껴 우는 너를 껴안고 나도 울었지. 하철아, 슬픈 그날처럼 눈이 내린다. 중3 마지막 학기 등록금을 내가 내준 것을 알고 있는 너는 졸업식에 참석하지 않았어. 눈 내리는 운동장을 하염없이 내다보고 있어도 너는 보이지 않았어. 다음 날 졸업장을 주려고 네가 살던 비닐하우스를 찾아갔으나 이미 헐리고 없었어, 내가 다른 학교로 옮겨가면서 나중에라도 네가 찾아가라고 졸업장을 학교 행정실에 맡겨두었는데 몇 년 후에 가보니 없어졌더구나. 하철아, 슬픈 그날처럼 눈이 내린다. 지금 어디서 뭘 하고 있니.

작은 평화

어항 앞에 있으면
우리도 평화롭게 노니는
금붕어가 된다
화려한 말보다는
거짓 없이 진솔한
말 한 마디에
우리는 행복을 느낀다
서로 소중히 여기고
믿음을 주는
정직한 세상에서
우리도 살고 싶다
금빛 지느러미처럼
아름답고 밝은 마음으로
미움 없이 입 맞추며
평화롭게 살고 싶다

토닥토닥

배냇짓하는 아가를 쓰다듬는
엄마의 손길처럼

산골짜기에 빨갛게 익어가는
마가목 열매처럼

자욱한 미세먼지 걷어가는
숲속 푸른 바람처럼

오랜 가뭄에 시들어진 풀잎을
일으키는 빗방울처럼

어제 잘못한 일도 싸움벌인 일도
다 없었던 것처럼

설악 오소리

수척한 설악이 웅크리고 우는 새벽

해우소로 가는 눈길에
오소리 발자국이 찍혀있다

어둑어둑 어둠이 밝아오는
잣눈 쌓인 댓돌위에
얼어붙은 동태처럼 꾸덕꾸덕해진
백고무신 한 켤레

바람소리만 몰려가는 적막 속에
입정한 노스님이
동안거에 들어간 오소리 발자국을
따라가고 있다

간밤 쌓인 눈에 소나무가지가 찢어져도
새파랗게 살아나는 솔잎처럼

아뇩다라삼먁삼보리
문 닫아 걸고 있는 마음이
고요 속을 들여다보는
설악 무금선원 무문관

너 없으면

그 그제는 산골에 들어가
외딴집 낙숫물소리에 이끌려
너에게 편지 썼는데
그 빗소리 들려주지 못하니
휘휘해서 어쩌지

그제는 대숲그늘에서
대숲을 흔드는 바람소리를 듣고
너에게 편지 썼는데
그 바람소리 들려주지 못하니
그리워서 어쩌지

어제는 달빛 아래서
달빛에 반짝이는 귀뚜라미소리를 따라가
너에게 편지 썼는데
이 귀뚜라미소리 들려주지 못하니
적막해서 어쩌지

오늘은 아득히 눈이 내리고
모든 것이 흔적 없이 사라지는데
아무리 소리쳐 불러보아도
너 없는 광막한 세상
사무쳐서 어쩌지

웃음소리

여학교 운동장가에서
빨갛게 익은 감은
수줍음 많은 남학생처럼
얼굴을 들지 못하네
감잎 한 잎만 떨어져도
어디서 웃음이 나오는지
까르르르 까르르르
순수한 소녀들
한꺼번에 터지는 웃음소리
담장을 넘어오네

염소 똥은 고요하다

염소 똥은 고요하다
풀밭에서 싸우는 염소는
서로 물러나지 않는다
아무리 뿔을 들이받아도
이기지 못하고 그 자리일 뿐이다

염소 뿔은 뒤로 젖혀 있다
이미 지는 쪽을 가리킨다
소리의 부딪침은 소통이다
염소 똥은 평화롭다

물러나지 않으려고 뿔을 들이받다가
잠시 물러난 염소는
다시 들이받을 생각을 한다
물러난 대립은 화해이다

서쪽 하늘에 긴 줄이 하나 걸려 있다
한바탕 소란이 지나간 풀밭에는
고요가 소복하다
노을이 고요를 팽팽히 잡아당긴다

근성

극심한 한발에도 죽지 않고
끈질기게 뿌리를 내리는
질경이 민들레 강아지풀은

짓밟히고 뿌리 뽑혀도
흙의 피를 물고 있는
독기로 살아난다

멀리 씨앗을 퍼뜨리기 위하여
온몸에 가시가 돋아나
악착같이 달라붙는
엉겅퀴 도꼬마리 도깨비바늘은

어둠이 짙어질수록 살아나는 별
보이지 않게 조금씩
작은 것들이 큰 것들의 틈서리를 비집고
세력을 확보해나간다

초조하고 두려워도
강을 건너뛰는 누 떼처럼
약한 것들이 군락을 이루어 스크럼을 짜고
저 언덕을 시퍼렇게 덮어나가는
풀의 질긴 힘은

와불

살아서 만나지 못한 사람이
죽어서 돌부처가 되어
만나고 있다

전남 화순군 도암면
천불산 계곡에는
나무들도 바위에 누워
부처가 되어 있다

살기 좋은 세상 오면
머리를 쳐들리라
계곡마다 소리치는
살아 있는 소리들

눈물과 고통 끝에
살아서 이루지 못한 한이
죽어서 돌부처가 되어
척박한 땅에 머리를 처박은 채
누워 있다

치과에서

    이가 아파서 치과에 갔더니 의사는 손전등을 켜고 내 입 안을 들여다보았다. 그는 벌레 먹은 내 이를 건드리면서 나의 과거를 알아낸 듯 어허, 이 사람 지난날 형편없이 지냈군, 형편없이 지냈어, 하고 속으로 중얼거렸다. 그에게는 내가 벌레 먹은 인간으로밖에는 보이지 않았을 것이다. 아픈 이를 틀어막고 돌아서는 내 등 뒤에서 어허, 이 사람 지난날 형편없이 지냈군, 형편없이 지냈어, 하는 그의 소리가 자꾸 들려왔다.

대립

비둘기가 내리는 곳은
초소지역이었다
양지꽃이 피는 곳은
철조망지역이었다

산양이 뛰는 곳은
지뢰매설지역이었다
노랑나비가 나는 곳은
탱크지역이었다

아, 평화와 전쟁이
대립하고 있는 그 곳은
구멍 뚫린 철모에서
풀꽃이 솟아나고 있었다

개구리울음소리

초여름 밤 잠실아파트 연못에는
개구리울음소리가
학교운동장 아이들처럼 와글거린다

흙을 문 뿌리째 동여매여
신축아파트로 들어온 배롱나무를
따라 들어온 것일까

여자의 가슴에 단 브로치같이
아파트 연못물에 찰랑거리는 자주붓꽃이
개구리 울음소리에 반짝거린다

줄줄이 딸려 나오는 감자알 같이
한 마리가 울면 따라서 같이 와글거리다가는
다가서는 발자국 소리에 뚝 그친다

거제 학동 몽돌

거제 학동 몽돌해변에서
새까만 몽돌이 구르는 소리를
들어봅니다

까마득한 날부터
곤두박질치는 파도에 뒹굴고
뒹굴어온 날의 소리들

돌이 돌과 부딪쳐 울려내는
동글동글한 소리를
들어봅니다

울퉁불퉁 모난 돌이
동글동글한 돌이 되기까지
수천 년을 부딪쳐온 소리들

어떻게 알락달락한 무늬가 나오고
달이 뜨고 새가 날아가고
사람이 기도하는지

거제 학동 몽돌해변에서
새까만 몽돌이 구르는 소리를
들어봅니다

하루살이에게

같이 태어나도
너는 날아다니고
나는 걸어 다니면서
하루를 산다

100년을 살아도
나는 아주 치사하게
돈에 벌벌 떨며
하루를 산다

그러나 너는 깨끗하게
돈을 모르고
단 하루를 살아도
100년을 산다

해맞이

　새해 낙산 의상대에서 솟아오르는 해를 보았다. 어둠을 불지르고 어둠 속에서 타오르는 해, 시뻘겋게 타오르는 해, 뜨거워 너무 뜨거워, 끓어오르는 바다처럼 내 가슴이 마구 뛰었다. 어둠을 불 지르고 어둠 속에서 타오르는 불덩어리, 피로 물든 그 사월과 오월의 총소리 민중의 함성까지 쏘아 올리며 뜨겁게 솟아올랐다. 타오르는 불덩어리, 고통을 안고 새롭게 솟아오르는 희망의 불덩어리,

크낙새를 찾습니다

자연 그대로인 옛 시절에는
광릉 울창한 숲에서
클락클락 크낙새가 울었습니다

솔바람 향기를 안고
나무를 따르르 쉴 새 없이 쪼던
그 초록빛 정소리는
생명의 소리로 울렸습니다

자연과 하나로 살다가
자연과 하나가 되지 못한
사람들에 의해 멀리 사라진
크낙새는 지금 어느 숲을 날아다니며
집을 짓고 부화하고 있을까요

몸통이 까맣고
배와 날개 끝 부분이 하얀
도가머리 꼭대기에
금관처럼 붉은 깃털을 뽐내는
이 땅의 마지막 영혼
크낙새를 찾습니다

클락클락 아무리 찾아도
크낙새는 보이지 않고
지금은 따르르르 나무를 쪼던 정소리만
내 몸속에 흩어집니다

반딧불이 날다

이름이 천한
개똥이면 어떤가

새벽을 열어가는
저 작은 벌레의
반짝거리는 불빛

논두렁 풀숲에서
어리석은 삶 떨쳐내려고
영혼처럼 날아다닌다

대숲 바람

무성하게 자란 대숲에서
바람이 일었다

다 말 못한 생을
마디마디마다 새겨 넣으면서
속을 비우고 살았다

가지들이 옆으로 뻗어나가도
중심의 줄기 하나는
하늘로 하늘로 치솟았다

무성하게 자란 대숲에서
곧고 푸른 소리들이 일었다

무명저고리 매듭단추

지금은 보기 드물지만
옛 시절 여학생들은
검정치마에 하얀 무명저고리를 입고
학교에 다녔다

이젠 원불교 정녀에게서나
겨우 볼 수 있지만
그 깨끗한 옷차림은
아주 사라졌다

어머니가 바느질로 지어준
새 옷을 입고
아침에 등교하는 어린 누이는
달빛 받은 박꽃이었다

오랜 날 강물에 씻긴
까슬까슬한 조약돌처럼
무명저고리 앞섶에
단단하게 정성들여 단

아주 하잘 것 없이 작아도
소중한 매듭단추는
몸과 마음을 단정히 품어주는
백장미 꽃 몽우리였다

장님의 봄

눈이 어두우면 귀가 더 밝아져
소리로 모든 것을 안다

아무것도 보지 못해도
빗소리로 잎 피는 것을
바람소리로 꽃 피는 것을

온 천지에 꽃이 만발한 것을
모르고 있는 너에게
아지랑이처럼 아른아른 부르는
내 목소리 들려

보고 싶어도 보지 못하는 것을
머나먼 그곳의 꽃은 모두
사무치는 그리움으로 필 거야

하늘이불 덮고 자는 발가락 끝에
간질거리는 장님의 봄

받아 쓴 시

시가 써지지 않는 날이면
햇살이 바글거리는
과수원 복사꽃 받아쓰고

시가 써지지 않는 날이면
숲에서 숨어 우는
풀벌레울음소리 받아쓰고

시가 써지지 않는 날이면
소슬바람에 내려앉는
장독대 붉은 감잎 받아쓰고

시가 써지지 않는 날이면
약속한 날처럼 줄그어놓는
밤하늘 별똥별 받아쓴다

사무치는 이유

풍광이 아름다운 것은
강이 흐르기 때문이다

백합이 향기로운 것은
마음이 깨끗하기 때문이다

새가 지저귀는 것은
숲이 울창하기 때문이다

호수가 깊은 것은
소란함이 가라앉았기 때문이다

보름달이 환한 것은
멀리까지 비치기 때문이다

허공이 보이는 것은
그리움이 깊어졌기 때문이다

함박눈

목재소에서 와아 쏟아져 나오는
나무냄새처럼
굵고 탐스러운 눈이
하늘 가득 내린다

꽃봉오리 같은 아이들이
두 손으로 공손히 눈을 받아들고
청아한 목소리로 외치는
순은의 아침

생일날 일껏 수북이 담은
하얀 쌀밥처럼
이제 막 태어난 아가가 내지르는
첫울음소리 안아든
엄마의 웃음처럼

설레는 새해 꿈처럼

동지 이후

하루해는 영점 오 밀리미터씩 자리를 옮긴다
키 큰 느티나무 그림자가 잠시
벽에 어른거리다가는 사라지고
가려진 앞 동 고층아파트 그림자가 건너와
낮은 우리 집 유리창에 드리워진다

하루해는 어느새 길게 늘어난
내 그림자를 끌고 간다
낮이 짧아지는 만큼 내 그림자는
슬며시 발걸음을 늦춘다
발걸음을 늦추어도 그림자는 옮겨간다

하루에 영점 오 밀리미터씩 밤이 길어지고
한 발 뒤쳐져 따라오던 그림자가
나를 앞질러 길을 건너간다
죽음은 앞선 것을 뒤서게도 하고
뒤선 것을 앞서게도 하여
영원을 되풀이한다

내 발자국을 그림자가 따라온다
밤은 눈발처럼 붐비다가는
한순간에 무덤처럼 고요해지고
어느새 길게 늘어난 밤이
백칠십삼 센티미터의 내 몸을 덮는다

그날의 빗소리

기울어져가는 양철지붕 아래서
너와 같이 피하던
그날의 빗소리 들리지

넌 어쩔 수 없이 떠났지만
난 아직도 그 양철지붕을
후드득 두드리는
빗소리를 듣고 있어

네가 없는 텅 빈자리를
가득 채우는
빗소리는 세상을 적시고

감추어진 눈물처럼
비에 젖어 늘어진
큰 오동잎이
내 가슴을 덮고 있어

기울어져가는 양철지붕에서
너와 같이 피하던
그날의 빗소리 들리지

YOO JAE YOUNG

유재영

충남 천안 출생. 1973년 시 박목월, 시조 이태극 추천으로 문단에 나옴. 시집《와온의 저녁》《구름 농사》시조집《느티나무 비명》《달항아리 어머니》등이 있음.
가람상, 편운상, 신석초문학상 등 수상.
dhak2@hanmail.net

유재영 시평설

청순한 감각의 다양성 또는 공감각적 결합이 어울려 빚어내는 서정적 울림은 그야말로 유재영 시의 한 특징이자 그만의 독보적인 영역이 아닐 수 없다. 이와 같은 미적 상상력이 빚어내는 섬세하고 미묘한 감각의 울림을 지닌 시들이 과연 우리 시사의 그 얼마나 있을 것인가? ..... 또한 투명하고 맑은 감각의 울림을 지니고 있기에 역설적으로 왜 이 시대에 서정시가 간절할 수밖에 없는 것인지를 가르쳐 준다. – 김재홍(문학평론가)

우리는 사물을 본다. 그런데 그것은 사물 그 자체가 아니라 우리의 욕망에 의해서 굴절된 우리를 위한 사물(Ding fur uns)이다. 인간은 자연(nature)에 인간의 힘을 가미하여(경작하여: cultivate) 문화(culture)를 창조한다. 그리하여 사물을 우리를 위한 것, 즉 유용성의 관점에서 보기 때문에 대개 그것의 참모습을 보지 못한다. 유재영 시인은 바로 이점을 경계한다. 그가 길들여진 가축보다는 야생의 곤충이나 벌레에 관심을 두고, 재배된 곡식이나 채소가 아니라 야생의 열매나 풀꽃에 경도 되는 까닭이 여기에 있다. 길들이고 재배하는 것이 인공화 된 문화의 세계라면, 길들지 않은 야생의 자연이 사물의 본래적인 모습이기 때문이다. – 김종태(시인·제주대학 명예교수)

유재영의 시편들은 자연을 시적 주제로 전면에 내세우며, 자연을 오롯하게 구현하는 가운데 진정한 '자연시'를 창조하고 있다. 시인은 자연을 익숙한 원경遠景으로 배치하지 않고 '근시近視'인 응시를 통하여 가까이 보이고 크게 들리는 자연의 생동하는 리듬을 '반영'한다. 응시와 반영 '모방mimesis'의 치열한 과정을 거치면서 유재영의 자연시는 자연을 통한 세상의 이치, 자연의 '진리'를 구현하고 있는 것이다.   - 정미숙(문학평론가)

매클리시의 말(시법)은 시는 관념의 언어가 아니라 형상의 언어임을 강조한 것이다. 이런 관점에서 유재영 시인은 매우 돋보인다. 그의 시는 철저히 추상어(관념)를 배제한다. 그는 말로 성명하지 않고 이미지를 제시한다. 그래서 짧다. 拈花示衆처럼 연꽃을 슬쩍 들어 올릴 뿐이다. 그는 스스로 〈사물의 중심에서 서기를 즐겨하고, 시의 소재 속에 들어가 관찰자로서 최선을 다하며, 그것의 아주 미세한 움직임까지도 문자로 당겨오는 수고를 마다하지 않는다고 말한다. 실제로 그는 사물의 미세한 부분과 그 뒤에 숨겨진 것까지 세밀하게 관찰하여 그것을 이미지로 드러낸다.
    - 이진흥(시인·문학평론가)

구절리 햇빛

며칠 전,
투구벌레 두 마리
자웅을 가리던 곳
오늘은 쇠별꽃이
많이 피었습니다
부전나비 한 쌍
자꾸만 자리를
옮겨 앉고
메추라기 새끼가
고개 갸웃대며
지나갑니다
구절리 햇빛들이
개살구 속살까지
말갛게 비추는 동안
어디선가
외대버섯 냄새가
고요히 퍼졌습니다

소리

벌써
몇 번째

어둠을 뚫고,

고요에
이마를
부딪치는

열매가
있다

백년의 그늘

　새 한 마리가 똥을 누네 느릅나무 가지 사이로 반짝 빛나는 지상의 얼룩. 조금 전 밀잠자리 사냥으로 배가 부른 채 어슬렁어슬렁 산책을 즐기시던 버마재비가 순간 놀라 속옷까지 다 보이며 날아가네 며칠 전 알에서 깨어난 금빛어리표범나비 날갯짓 한참 하고 가더니 오랫동안 입 다물고 있던 금강초롱이 비로소 꽃이 되었다 보는 이 없어도 그냥 이루어지는 저 아름다운 기교여 소풍 나온 어린 바람 저희끼리 치고받으며 히히대고 어느덧 개망초꽃 너머 한결 팽팽해진 햇빛들, 느릅나무는 오늘도 그냥 그 자리 백 년도 더 된 커다란 그늘을 평평하게 깔고 있었다

밤섬

순교지,
절두산 동쪽 대각선
직선으로 뻗어 간 서강대교 아래
성치 못한 육신으로
반쯤 맨살 드러낸
그렇게 던져진 섬이 있다

어느덧 세월의 외곽에서
막자란 버드나무 숲과
웅성거리는 강 건너 불빛들과
상류에서 함부로 떠내려온
갈 곳 없는 빈 소주병만
밤마다 물 속 깊이
이마를 박고 있다

어느 해인가 이 섬에서
뿔뿔이 흩어져 떠나간
젊은 흙덩이들이여

모래 속에 고요히 묻혀 있던
명주잠자리 알들이여
하늘로 올라갔던
마지막 밥 짓던 연기여
우리 어디서 또 무엇이 되어
다시 만나랴*

눈 먼 물고기 몇 마리
아무 몰래 가슴에 품고
짝짓기 하는 별들
잔물결로 이불 만들어주고
오늘도 시퍼런 몸 뒤채는
섬 밖의 섬이 있다

---

* 김광섭 시 '어디서 무엇이 되어 / 다시 만나리'가 있음

느티나무 비명碑銘

1
고것들 황조롱이 처음으로 비행한 날 손 모으고 공손히 그늘 깊이 찾아온, 그 누구 빗금 친 생生이 나무에게 절을 한다

2
저 마을 누가 사나 멀리 봐도 훤히 알 듯 석양 녘 길손 두엇 지팡이로 가리킨 곳, 속잎 핀 느티나무에 잊었던 고모 생각

가랑잎 무게

1
내 또래 그 가을을 보고 싶어 찾았더니 귀룽나무 어디에도 친구는 간데없고 파랗게 여문 하늘만 끌어안고 왔습니다

2
열매주(酒) 한 병 들고 다시 찾은 그 가을 어느새 그도 나도 얼룩진 나이라서 받아 든 가랑잎 무게 도로 내려놓습니다

울금빛 저녁

새끼 당나귀에게 마지막 여물을 챙겨준 만족蠻族의 아내가 조곤조곤 기도를 끝내자 화덕가에 둘러앉은 가족들이 기장떡을 떼어 물었다, 오목한 알타이 산맥 아래로 가만히 열렸다 닫히는 울금빛 저녁,

북천 北天

그날 밤 산너머 그 산너머 석남꽃 피는 마을, 기러기 떼 물고가는 청동빛 울음 소리에 내 전생도 무언가 궁금했는지 빼꼼히 창을 열고 내다보고 있었다

은적사

　오래전부터 산초 냄새 물씬 풍기는 물소리가 살고 있다 가끔씩 벼랑에서 떨어져 낙상한 물소리가 어디론가 사라진다 그런 날 밤엔 황도 12궁 옆자리에 새로 태어나는 별이 있다 그 별에서 난다는 산초 냄새는 극락전 앞까지 내려오기도 했다 고요한 밤이었다

소풍

 생계를 찾아 나선 개구리매가 하늘에서 수직 급강하 하는 순간에도 뭐가 대수냐며 며칠 전 알에서 깨어나온 흰뺨검둥오리 새끼들은 더러는 자맥질로 더러는 어미 날갯죽지에 목을 내민 채 호이호이 즐겁게 강물을 밀고 갑니다

버들치 성불

　겨울이면 꼭 버들치 몇 마리 빙폭氷瀑에 갇혀 성불하신다는 골짜기가 있다 부처님도 앉을자리가 없어서 보름달이 대웅전이라는, 도봉산 만장봉 아래 걸망만한 만월암

　올해는 덜꿩나무 열매가 유난히 빨갛다, 첫눈이 일찍 내릴 것 같다

전동

　운주산에서 맨손으로 다람쥐를 사로잡거나 높은 물푸레나무에 올라가 목이버섯을 따 온다는 날쌘 전동 여자들을 본 적이 있다 장날이면 산 채로 잡아온 꿩이나 노루 뿔 같은 것을 갖고 와 고무신, 양은 냄비, 백학 소주 그런 것으로 바꿔간다고 했다 그들 중에는 손가락이 여섯 개를 가진 계집아이도 있었다

종가

    증조모 제사를 모시고 가족들이 다시 곤한 잠에 들었을 때 어머니의 차분한 목소리가 들렸다. '얘들아 다들 일어나라' 어머니가 자리끼를 뜨러 부엌에 들어갔다가 메 짓던 아궁이에서 잔쿨이 쥐구멍을 통해 부엌 기둥에 벌겋게 옮겨 붙은 것을 보신 것. 가족들이 놀랄까봐 물을 길어다 불길을 잡고 난 다음 비로소 위급했던 순간을 말씀하셨다 어머니는 이렇게 또 한 번 쓰러져 가는 기둥을 일으켜 세웠다

메밀국수

　부엌 불빛에 싸락눈이 희끗희끗 비치는 저녁, 집 안에 메밀국수 냄새가 아른아른 피어오르기 시작할 때쯤 사랑채로부터 개 짖는 소리가 들리면 어머니는 가만히 솥뚜껑을 열고 얼른 한 사람어치 물을 더 부으셨다

우리나라 보름달

 어려서 남북으로 헤어진 오빠와 누이가 일흔 훌쩍 넘긴 나이 금강산에서 만났습니다 약속대로 오누이는 죽어서 달 속으로 들어갔습니다 횃대에 앉아 서로 어깨를 기댄 채 뜬눈으로 아침을 기다리는 유정한 가금류家禽類 두 마리, 두둥실 세상에는 이런 걸개그림도 있습니다

차령산맥에 대한 완만한 고백 · 1

1

인공 때 죽은 인민군 간호장교 김옥화의 무덤이 있던 곳. 총상을 입고 산에서 내려온 갓 스무 살 그녀가 죽자, 마을 사람들이 시신을 6대조 제답祭畓 곁에 묻어 주었다 함께 온 늙은 군관은 눈물을 흘리며 연신 머리 숙여 인사를 하고 혼자 이 산맥을 따라 북으로 갔다 언젠가 어머니는 영변 약산이 죽은 여군의 고향이라고 했다 눈이 내린 날이면 무덤이 있는 찔레나무 구렁으로 산짐승 발자국이 움푹움푹 나 있었다

2

등성이 너머 시오리 갈우물 지나 전의역. 조붓한 철로를 따라 하얀 시트를 씌운 급행열차들이 숨가쁘게 지나갔다 하루 종일 울면 냄새가 나던 2층 벽돌집. 낮에도 이국종異國種 닭이 울고 전족纏足을 한 여인이 은제 약통에서 금계랍을 꺼내 주었다 그날도 건너편 변 씨 책방에서는 <마도의 향불> <마음의 샘터> <한석봉 천자문> <최신가요앨범> 같은 오종종한 얼굴을 한 철 지난 베스트셀러들이 드문드문 팔려 나갔다

차령산맥에 대한 완만한 고백 · 2

 당고바지가 함께 온 여자랑 낮에는 종일 자취를 감췄다가 밤에만 도리우찌를 눌러쓰고 나타나 동네 아이들에게 로스케 말과 북선北鮮 노래를 가르쳤다 거장치던 당고바지가 늘 군관동무라고 부르며 깍듯했던 여자는 남장 차림에 키가 작고 눈매가 매웠다 어쩌다 남포등 아래 배시시 웃을 때는 도금한 송곳니가 살짝 반짝이곤 했다 전쟁이 끝나갈 무렵 그들은 도랑꾸를 짊어지고 의주행 기차역이 있는 탑고개를 슬그머니 넘었다 여우가 산다는 산 아래 외딴집에서 불길이 치솟은 것도 바로 그날 밤 일이었다

구름 농사

일용할 이슬 몇 홉,

악기 대용 귀뚜라미 울음 몇 말,

언제고 타고 떠날 추녀 끝 초승달,

책 대신 읽어도 좋을

저녁 어스름

아,

그 집에도

밥 먹는 사람이 있어

하늘 한 귀퉁이 빌려

구름 농사짓는다

가랑잎 길

솔방울만 한
꼬리를
끌고 가는
새끼 너구리
코끝이
반질거렸다

일찌감치
동면에 든
옹달샘 곁으로
숨었다가
다소곳이
어깨 내민
가랑잎 길

산 아래,
아이들
호동그레
눈을 뜨고

첫눈 기다리는
마을이 있다

가랑잎 문상

　공원묘지 외곽, 시집 크기만 한 땅을 빌려 내려놓는 온기 한 움큼. 그건 누구에게는 생의 전질全帙 같은 것, 무명 시인이었다고 문상 온 가랑잎 한 잎, 또 한 잎

인생 달밤

여보게, 통성명도 없이 어깨를 툭! 치는 것이 있다. 보지 않아도 그것은 올해 내가 듣는 청동색 마지막 질문, 층층나무 아래 며칠 전 죽은 사슴벌레 풍장을 하고 와서 울먹이는 등 휘인 바람소리 같은 것, 성냥불빛 만한 가을저녁마저 이렇게 보내고 나면 내일은 물구나무 선 그 많은 생각들 아아 또 어쩔 것인가. 창밖에 불콰하게 익은 달 걸어 놓고 막 버스 놓쳐 가며, 인생이 뭐 별거냐며 종점 국밥집 혼술 마시며

어느 마라토너의 거짓과 진실

　들판을 가득 채운 개망초꽃들이 하얗게 어깨 부딪치는 소리, 모였다가 다시 흩어지기를 반복하는 구름 가족들, 물뱀 지나간 자리 풀풀 든 개개비 울음소리, 나붓이 떠 날아가는 민들레 꽃씨의 은빛 무게, 저만큼 어린 황조롱이의 어색한 공중부양, 누가 오래도록 보고 버린 하얀 낮달, 우리 누님 유똥치마 같이 부드러운 강물의 유속, 막 독이 오르기 시작한 개옻나무의 나른한 그늘, 무논가 눈부신 깃털을 나부끼며 목을 돌린 해오라기, 올해 알에서 깨어난 텃새들의 첫 울음소리, 빤히 쳐다보다가 콘크리트 배관 속으로 황급히 사라지는 들고양이, 마을 입구 등만 보인 채 천천히 걸어가는 어느 노부부의 산책, 며칠 전 간판을 바꿔 단 야외 카페에서 들리는 젊어서 죽은 가수의 노래소리, 쉬지 않고 움직여 온 내 200개가 넘는 작고 큰 관절들이여, 어느덧 스무 켤레 굽 닳은 런닝화여, 언제나 마른 땅 습도만큼 느끼는 생존자의 갈증이여

오래된 가을

수척한 햇빛들도 때로는 눈부셨다

조용히 몸 가리고 들꽃 피운 작은 언덕

다가가 만지고 싶던 손목 하얀 그 가을

돌아보면 아직도 물빛 같은 그리움이

첫사랑도 슬픔들도 내 생애 은빛 굴레

먼 안부 보낼 곳 없어 가득하던 그 허공

별을 보며

어느 날 먼 빛깔로 가만히 다가와서

조금만 스쳐도 쨍그렁! 소리 날 듯

저리도 오랜 설레임, 연둣빛 가슴이여

그리움도 하늘 닿으면 나도 하나 별이 될까

오늘처럼 흰 이마가 젖도록 푸른 밤은

누군가 함께 가야 할 그런 길이 보인다

특종

고란초, 돌마자, 물두꺼비가 함께 어울려 산다는 경북 울진군 서면 왕피리 속사마을 인근 협곡 동안거 끝내고 처음으로 기어 나온 꼬리치레도롱뇽, 아까부터 제 몸 빛깔 닮은 늙은 바위에 엎드려 가쁜 숨을 할딱이고 있는데 서울에서 내려간 한겨레신문 이종찬 기자는 썩 좋은 봄맞이 그림이라고 연신 카메라 셔터를 눌러댑니다. 바로 그 순간 숨을 죽이고 다음 차례를 기다리고 있던 황조롱이 한 마리 10미터 상공에서 부리가 번쩍! 빛났습니다

봄에 대한 지극히 동양적 비유

 봄이라기엔 아직 이른 날씨, 앞 못 보는 늙은 아버지랑 산책 나온 여자아이가 갈림길에서 봄이 오는 쪽이 어디냐고 묻는다 잠시 머뭇대는 사이 서어나무 아래 투구꽃 하나, 불끈 하늘을 밀어 올렸다

화답

　순천 만에서 청천강, 거기서 핵무기 안고 산다는 평산 지나 우루무치, 북북 서진 상원갑 그믐에는 저승문도 지난다든가, 큰기러기 운수행각도 거의 끝나갈 무렵 눈표범 발자국 드문드문 흩어진 타미르 고원 유목민 아이들 거적뙈기 쓰고 나와 손을 흔들어주자 좌선과 우선 날갯짓을 잠시 멈추는가 싶더니 이내 목울대 깊숙이 뿜어내는 통주저음通奏低音이란 세상 한쪽이 참으로 따뜻해지는 순간이기도 했다

국수 한 그릇

애호박 고명에 국수 한 그릇
진동밭 햇감자 국수 한 그릇
해설피 아우내 장터 국수 한 그릇
국수 한 그릇 그득히 말아 놓고
옛친구 안부, 먼 친척 안부,
방아다리 사돈 안부
허연 김이 오르는 인정 한 그릇
후루룩 후루룩
손끝 매운 복구정댁 보면 안다
국수 솜씨 좋아야 살림 잘한다
우리 할머니 늘 그 말씀
윗말 아랫말 큰집 작은집
시장기 감아 올린 나무젓가락
눈물도 가난도 감아올렸다
기와집 작은 도령 장가가는 날
정자동 인자 누님 시집가는 날
투두둑 개살구 떨어지는 소리 들으며
생일날 소담히 핀 앵두꽃 바라보며
후루룩 후루룩
세상에서 제일 고마운 소리

세상에서 제일 보드라운 소리
오래 입어도 변치 않는
무명옷 빛깔 국수 한 그릇

겨울 유물론 唯物論

흩어지는 바람들이 며칠째 필라멘트처럼 떨고 있다 지난봄 옮겨 심은 모감주나무는 한 해의 휘어진 부분을 발밑에 조용히 내려놓는다 나는 돌아서서 지구의 모서리를 힘껏 걷어찼다. 여전히 과묵한 테라코타, 골반은 닳아 삐걱대고 빙하의 물은 벌써 시장경제론 앞에 돈벌이 수단이 되었다 첫서리가 내리기 전 북쪽으로부터 날아온 수상한 새들이 저마다 큼지막한 날개를 접으며 겨울 경내境內로 들어왔다 올해의 추위는 머지않아 설악을 거쳐 문막에 이를 것이다

꽃의 조건

일어서고 다시 스러지는
그윽한 빛의 사유와
내면 가까이 물이 되어 흐르는
귀여운 음계(音階)들의 작은 속삭임
하나 둘 셋 넷
분홍빛 품사들은 제가끔
비인 자리마다 향기로 날아가
하늘 저 멀리
초록색 꿈을 끌어당긴다.
아아 하나의 거룩한 아름다움은
죽음의 신비보다도 깊은 것!
이 세상 모든 빛깔들이
모음과 자음으로 짜여지고
우리들 빛이 마지막 퇴적을
끝낼 때
나는 그 그늘 아래를
비극처럼 살고 싶다.

LEE JUN KWAN

이준관

전북 정읍 출생. 1971년 《서울신문》 신춘문예 동시, 1974년 《심상》 신인상 시 당선으로 등단. 시집 『가을 떡갈나무 숲』 김달진문학상, 영랑시문학상 등 수상.
hambaknunjun@hanmail.net

이준관 시 평설

 오늘의 우리 시단에서 독특한 개성을 지닌, 아니 지키는 시인의 하나로 이준관을 들 수 있으리라. 그는 시에서 자연을 탐구하고 정통적 규범을 옹호해온 시인이다. 이준관이 그의 시에서 모색한 자연은 정통적인 그의 선배 시인들이 탐구한 그것과 다른 측면을 지니고 있다. 그는 자연 속에서 물활론적 혹은 정령론적 교감의 세계를 발견한다. 그가 본 자연은 신비스럽고 순수한 유기체의 하나로서 서로 대화하고 조용하고 더불어 사는 존재이다. 그것은 살아 있는 생명일 뿐만 아니라 인간과 삶을 같이 나누고 동시에 인간 그 자체이기도 한 자연이다.

오세영(시인, 서울대 명예교수, 대한민국예술원 회원)

이준관의 시집 「가을 떡갈나무 숲」에 일관하여 나타나는 것은 자연을 매개로 한 새로운 서정의 확산이다. 청록파의 자연과 다른 새로운 해석이 그의 인간에 대한 연민을 바탕으로 절제되고 정갈한 언어로 다듬어져 적절히 시화된다. 지혜와 사랑과 양심으로 어둠을 지키는 「人家의 불빛」처럼 겸허하게 쓰여진 그의 시들은 물질문명에 찌들은 우리에게 새로운 각성의 계기가 될 것이다.

최동호(시인, 고려대 명예교수, 대한민국예술원 회원)

이준관의 이번 시집을 읽으면 그동안 우리가 잊고 지나온 말들이 구름 뒤의 별처럼 새록새록 돋아온다. 어쩌면 토속적이기도 하고 어쩌면 동화적이기도 한 말들이, 때 묻지 않고 청정한 언어들이 잊고 있었던 우리들의 무심을 나무라며 친근한 음성으로 우리 곁에 다가온다. 이런 어휘들은 시인의 유년과 고향에서의 체험들에서 유래한 것이다. 그런 점에서 이준관은 천성적인 회향(回鄕)의 시인이이면서 어른이 된 동심의 시인이라 할 수 있다.

이기철(시인, 영남대학교 명예교수)

이준관 시편의 근간은 지난 시간에 대한 섬세하고도 일관된 회상 형식에 있을 것이다. 원형적이고 훼손되지 않은 그 '기억'이야말로 시인으로 하여금 깨끗하고 조촐하고 아름다운 삶을 살아가게 하는 근원적 힘이며, 이러한 깊고도 지속적인 그의 치유와 긍정의 시쓰기는 인간의 근원적 존재 형식에 대한 탐구 작업으로 끝없이 이어져 갈 것이다. 무려 10년 만에 나오는 이번 신작 시집에 그런 서정의 기율과 자기 기원을 탐색하려는 시인의 심미적 서정이 잔잔하게 출렁이고 있는 것이다

유성호(문학평론가, 한양대 교수)

천 조각

어머니는 내 옷을 만들고 남은 천 조각을
반짇고리에 모아두었습니다.

내가 칼로 손가락을 베었을 때
친친 동여매주던 천 조각.
그 천 조각에 불빛처럼 빨갛게 번지던
따뜻한 인간의 피.

바지 무릎이 닳고 해졌을 때
어머니는 천 조각을 대고 무릎을 기워주었지요.
어머니 무릎처럼 다정하게.

잔병치레로 골골거리는 나 같은
자투리 천 조각들을 꿰매고 잇대어서
어머니는
저녁 밥상을 덮을 아름다운 밥상보를 만들었지요.

지금도 어디
그 천 조각 없을까요?
사람과 사람을 따스하게 이어주는.
반짇고리 속에 아껴 모아두고 싶은.

눈길을 가면 닿는 마을

눈길을 간다.
눈길을 가면 닿는 마을.
외벽에 씨옥수수 매달려 있는 농가.
대추처럼 늙은 할머니가 개에게 줄
김이 모락모락 나는 밥그릇을
들고 나온다.
아이들이 만들어 놓은 눈사람이
추억의 우체통처럼 담벼락에 붙어 있다.
이빨 빠진 일곱 살배기 아이에게 갖다 줄
새 이빨 같은 햇살을 물고
때까치가 날아간다.
성탄절 교회당 뾰족탑 같은 나무들.
들판은 어머니 품에 들 듯 낮게 엎드리고
따뜻한 연기가 몽실몽실 솟는 굴뚝.
밥풀처럼 뺨에 눈이 묻은 개가
괜히 가슴 설레어 컹컹컹 짖어댄다.
어느 집에선가 하얀 새알심 넣어 팥죽 끓이는 소리.
그 팥죽 절절절 끓는 소리로
하늘에 눈길을 내며
기러기들이 날아간다.

모성의 해는 햇살 한 올 한 올로
나무들이 입을 털옷을 짠다.
여울목에 내린 눈은
작은 물고기의 여린 살과 피를 감싸줄
은빛 비늘이 되었으리라.
나는 눈을 둥글게 뭉친다.
영혼이 맑은 사람들이 먹을 밀떡처럼
하얗게 뭉쳐진 눈뭉치.
눈이 시리게 시퍼런 하늘을 향해
나는 힘껏 눈뭉치를 던진다.

물방울

물방울은 스며든다.

뭔가 움켜쥘 손도 없고
누군가 짓밟을 발도 없고

오직 맑은 눈망울만 있으므로
스며든다
열매에...별에... 다정한 흙 속에...

사랑하는 사람들은 스며든다.

오직 서로를 바라보는 눈망울만 있으므로
물방울이 그러하듯이.

두부 한 모의 행복

퇴근하는 길에
동네 마트에 들러 두부 한 모를 산다.
두부 한 모는 별것도 아닌데
벌써 저녁이 맛있어지고 따뜻해진다.

오늘 저녁엔
두부같이 말랑말랑한 눈이 내리고
우리 집은 두부찌개처럼
보글보글 끓을 것만 같다.

두부 한 모를 사가는 일은
별일도 아닌데
벌써 백열등이 환히 켜지고
둥근 밥상에 둘러앉은
행복한 저녁이 보인다.

내가 사들고 가는
두부 한 모의 행복을
코가 예민한 우리 집 강아지가
벌써 눈치 채고
반갑게 짖어댄다.

넘어져 본 사람은

넘어져 본 사람은
넘어져서 무릎에
빨갛게 피 맺혀 본 사람은 안다.
땅에는 돌이 박혀 있다고
마음에도 돌이 박혀 있다고
그 박힌 돌이 넘어지게 한다고.

그러나 넘어져 본 사람은 안다.
넘어져서 가슴에
푸른 멍이 들어 본 사람은 안다.
땅에 박힌 돌부리
가슴에 박힌 돌부리를
붙잡고 일어서야 한다고
그 박힌 돌부리가 일어서게 한다고.

한 통

아픈 데는 어떠냐고
걱정스레 묻는 친구의
전화 한 통.

보고 싶다
단 한 줄 적혀 있는
사랑하는 사람의
편지 한 통.

인생에서
그 한 통이면
충분하다
물 한 통처럼.

파 냄새 풍기는 저녁

아내는 파를 다듬네.
파 냄새 풍기는 저녁.
파를 다듬는 아내의 손은
파란 하늘빛으로 물들고
저 손으로 오늘 저녁 식탁에
식구들의 숟가락을 놓을 것이네.
저 손으로 과제하는 아이의
틀린 철자법을 바로 잡아줄 것이네.

나비잠

꽃을 파는 꽃장수 차가 지나간 골목길에
나비 한 마리 날아가네.

날개로 아지랑이 뿌리며 날아가다
민들레꽃에 사뿐 앉네.

하, 금실이 좋은 봄 한 쌍이네.

햇살은 잔칫날 밥상이고
빨랫줄 빨래는 눈부신 꽃밭이네.

어느 집에선가
민들레꽃 같은 아기
두 팔을 벌리고 나비잠 자겠네.

여름 별자리

경기도 양평군 단월면 산음리에 가서
별을 보았다.
감자밭에서 돌아온 어머니 호미 같은
초승달이 서쪽 산자락으로 지고
감자꽃 같은 별들이 돋아났다.
어미곰과 아기곰이 뒹굴며 노는 큰곰 작은곰 별자리
은하수 물방울을 퉁기며 솟구치는 돌고래 별자리
직녀가 거문고를 뜯고 있는 거문고 별자리
나는 어렸을 때 배웠던 별자리 이름들을 다시 불러보았다.
그 이름에 대답하듯 별들이 온 하늘 가득
뽕나무 오디 열매처럼 다닥다닥 열렸다.
별똥별 하나 저 멀리 밤나무 숲으로 떨어졌다.
저 별똥별은 가을에 밤 아람으로 여물어
밤송이 같은 아이들 머리 위로 떨어져 내리리라.
아내는 세상에나! 별이 다 없어진 줄 알았는데
여기 다 모여 있었네 하면서 별처럼 눈을 빤짝거렸다.
그리고 옥수수를 따서 담은 바구니를 머리에 이듯
별 바구니를 머리에 이고 서 있었다.
세상에나!

우리는 낮이나 밤이나 아름다운 별 바구니를
머리에 이고 살고 있는 것을 깜빡 잊고 있었던 것
이다.
그날 밤 우리는 외양간이 딸린 민박집에서
별들과 하룻밤을 보냈다.
송아지를 낳은 지 얼마 안 되는 어미 소는
가끔 깨어 송아지를 혀로 핥아주고
그때마다 별들은 잠을 깨어
딸랑딸랑 워낭 소리를 내곤 했다.

싸락눈 내리는 저녁

아내는 참기름을 바르고 소금을 뿌려
김을 굽는다.
가족들의 하루를 굽는다.

김 접시를 가운데 놓고
가족들이 둥그렇게 둘러앉았다.
불빛도 둥그렇게 둘러앉았다.

가난한 농부의 식탁에 놓인
흑밀빵 같은
김 접시.

구운 김에는
얼음 박힌 발로 추운 땅을 걸어온
가족들의 길이 보인다.
부엌칼에 배인 아내의 상처도 보인다.

나는 김에 밥 한 숟갈 얹어
꿀꺽 삼킨다.
문득 목젖이 뜨거워진다.

창 밖에는 싸락눈이 내린다.
가난한 새가 겨울 양식처럼 쪼아 먹을
싸락눈이 싸락싸락 내린다.

눈보라

눈보라치는 날이다.

여자가 아이를 업고 간다.
머리에서 발끝까지
포대기로 푹 감싸
업고 간다.

여자가 아이에게
"추워 " 물으면
아이가 "아니" 대답하고

조금 가다가
아이가 "엄마, 추워" 물으면
여자가 "아니" 대답하면서 간다.

이런 날에는 눈보라도
포대기처럼 따스하고 포근하다.

허리를 굽혀

들길을 걷다가 허리를 굽혀
길에 떨어진 벼이삭을 줍는다.
들녘에 지는 긴 해 그림자를 밟고 서서
나는 벼이삭을 들여다본다.
벼이삭 하나에도 감사할 게 많은데
나는 그동안 너무 감사의 마음을
잊고 살았다.
가난한 어린 시절,
들녘에 떨어진 벼이삭을 주워
치마폭에 담아오던 어머니.
따스한 저녁 불빛이 되어주던
어머니가 주워온 벼이삭.
문득 내 손에 쥔 벼이삭이
늙은 어머니의 틀니처럼 무거워진다.
들머리에 엎드려
씨를 뿌리고 거두는 사람들.
아버지의 괭이가 그러하듯
어머니의 호미가 그러하듯
나는 겸허하게 허리를 굽힌다.
들녘 사람들을 향해
벼이삭 하나를 위해

꽃 보자기

어머니가 보자기에 나물을 싸서 보내왔다
남녘엔 봄이 왔다고.
머리를 땋아주시듯 곱게 묶은
보자기의 매듭을 풀자
아지랑이가 와르르 쏟아져 나왔다.
남녘 양지바른 꽃나무에는
벌써 어머니의 젖망울처럼
꽃망울이 맺혔겠다.
바람 속에선 비릿한 소똥 냄새가 풍기고
송아지는 음메 울고 있겠다.
어머니가 싸서 보낸 보자기를
가만히 어루만져본다.
식구들의 밥이 식을까봐
밥주발을 꼭 품고 있던 밥보자기며,
빗속에서 책이 젖을까봐
책을 꼭 껴안고 있던 책보자기며,
명절날 인절미를 싸서
집집마다 돌리던 떡보자기며,
그러고 보면 봄도 어머니가
보자기에 싸서 보냈나 보다.

민들레 꽃다지 봄까치풀꽃
한 땀 한 땀 수놓아 만든
꽃 보자기에 싸서.

목공소의 목공
- 로버트 프로스트에게

목공소의 목공은 톱으로 나무를 켠다
바이올린을 켜듯.
그는 나무가 내는 음악을 이해한다.
그는 이 세상에는 수리할 것이 많다는
사실을 이해한다.
우선 문짝부터 수리해야 한다.
많은 사람들은 자신의 생이
들어가고 나올 문을 알지 못한다.
문을 모르므로
자신의 생의 의미도 모른다.

그는 다른 목공과 달리 못을 필요로 하지 않는다.
대저 못이란 피와 죄의 냄새가 나므로
결국 생을 부석부석 부식시킬 것이므로
그는 못을 사용하지 않는다.
그는 나무의 홈을 파고 깎아서
나무의 옹이를 파고 깎아서
나무와 나무를 결합시킨다, 신의 섭리처럼.

못을 사용하지 않으므로 망치도 필요 없다.
대저 망치란 남의 대가리를 부러뜨리려 하므로
결국 자신의 대가리도 부러뜨리려 달려들 것이므로.

그의 연장 자루 속에는
푸른 대기와 날개 달린 새와 물빛 구름이 있을 뿐이다.
그것으로 넉넉하다.
푸르게 살아 있는 가구를 만들기 위해서는
망가진 집과 영혼의 수리를 위해서는.

아기의 방

아기의 방을 꾸민다.

햇살은 와서 햇살무늬
벽지를 새로 바르고
새는 와서 창문에
예쁜 방울종을 달아준다.

풋내 나는 나무로 만든
아기 침대와
햇솜처럼 포근한
아기 이불과
엄마 젖꼭지가 달린
아기 우유병

아기 예수가 태어난
베들레헴 마구간의 방
크리스마스 전나무 트리에
별들이 등불처럼 매달린 방

그 방처럼
작고 아름다운
아기의 방

저녁에는 초승달
그네 침대가
창밖 감나무 가지에
매여 있다.

비

어렸을 때
내 머리에 떨어지는 비가 좋았다.
비를 맞으면
해바라기 꽃처럼 쭉쭉 자랄 것만 같았다.

사랑을 할 때는
우산에 떨어지는 비가 좋았다.
둘이 우산을 받고 가면
우산 위에서 귓속말로 소곤소곤거리는
빗소리의 길이
끝없이 이어질 것 같았다.

처음으로 집을 가졌을 때는
지붕 위에 떨어지는 비가 좋았다.
이제 더 젖지 않아도 될 나의 생
전망 좋은 방처럼
지붕 아래 방이 나를 꼭 껴안아 주었다.

그리고 지금
딸과 함께 꽃씨를 심은

꽃밭에 내리는 비가 좋다.
잠이 든 딸이
꽃씨처럼 자꾸만 발가락을 꼼지락거리는 것을
보는 일이 행복하다.

시골 버스정류장에서

이름 없는 마을의
버스정류장에 앉아 있으면
나는 행복해지네.

내 옆에 앉아 있는
보따리를 옆에 끼고
딸네 집에 간다는 할머니와
숙제할 그림물감을 사러
읍내에 간다는 뺨이 붉은 소년과
배고플 때 먹으라며
어머니가 싸 주던 따끈따끈한 감자알 같은
시골의 태양과
누가 써 놓았을까
의자에 삐뚤삐뚤 써 놓은
'혜원아, 어디 가든 잘 살아라 사랑한다'라는
글씨와 함께
버스를 기다리는 시간.

기다린다는 것
누군가와 함께 기다린다는 것은
얼마나 행복한가.

버스가 더디 온다 해도
때로는 버스가 오다 말다 한다 해도.

얼룩

아침에 새 양복으로 갈아입고 나갔다가
저녁에 들어오면 옷에 얼룩이 묻어 있다.
즐거운 식사 시간에도
국물은 떨어져
무릎에 얼룩을 남긴다.
아내가 새로 깐 식탁보에도
내 몸의 흉터 자국처럼
얼룩이 남는다.
사람들과 말을 할 때에도
말들이 흙탕물로 튀어
마음의 얼룩으로 남는다.
나 또한 얼마나 많은 사람들에게
얼룩을 남겼을까.
길거리에서
만원버스에서
무심코 떨어뜨린 콧물처럼
남겼을 얼룩.
꽃에 사뿐히 앉았다 날아간
나비처럼
얼룩을 안 남길 수는 진정 없는 것일까.

찻잔

혼자 외로울 때면
찻잔과 마주 앉습니다.
찻잔에 차를 넣고
뜨거운 물을 부으면
찻잔의 마음이 향기로 우러나오고
찻잔의 따스한 입김이
뽀얗게 피어오릅니다.
찻잔의 손잡이는 손이 되어
내 손을 든든히 잡아주고
귀가 되어
내 말을 다소곳이 들어줍니다.
찻잔은 말이 없는 벗입니다.
내 말에 그저 빙그레 웃음으로 대답해 주고
내 헛헛해진 혀를 말없이 적셔줄 뿐입니다.
언젠가는 다른 벗들은 다 떠나겠지만
찻잔은 금이 가고 이가 다 빠질 때까지
이렇게 나와 마주 앉아 있어 줄 것입니다.
단정한 앉음새 그대로

험한 세상 다리가 되어

나는 다리를 건넌다.
다리를 건너 직장에 가고
다리를 건너 시장에 간다.
그러고 보면 나는 많은 다리를 건너왔다.
물살이 세찬 여울목 징검다리를
두 다리 후들거리며 건너왔고
나무로 얼기설기 엮어 만든
삐걱거리는 나무다리를 건너왔고
큰물이 지면 언제 둥둥 떠내려갈지 모르는 다리를
몸 휘청거리며 건너왔다.
더러는 다리 아래로 어머니가 사다 준
새 신발을 떨어뜨려 강물에 떠내려 보내기도 했다.
내가 건너온 다리는
출렁다리처럼 늘 출렁출렁거렸다.
그 다리를 건너 도회지 학교를 다녔고
그 다리를 건너 더 넓은 세상을 만났다.
학창 시절 선생님이
너는 커서 뭐가 되고 싶으냐고 물었을 때
험한 세상 다리가 되고 싶다고 대답했지만
나는 험한 세상 다리가 되어주지도 못했고

가족들이 건널 다리가 되어주지도 못했다.
그러나 나는 다리를 건널 때면
성자의 발에 입을 맞추듯
무릎을 꿇고 다리에 입을 맞춘다.
아직도 험한 세상 다리가 되고 싶은
꿈이 남아 있기에.

사람의 밥

사람이 남긴 밥을
개가 먹는다.
꼬리를 내리고
발톱을 오므리고
아주 평화롭게
밥을 먹는다.
밥을 위해 아귀다툼을 벌이던
사람의 밥 어디에
저렇게 천연스런 평화가
깃들어 있었을까.
콧등에 밥풀을 잔뜩 묻히고
참새랑 병아리랑 불러와 함께
개는 평화롭게
밥을 먹는다.
배불리 먹어
밥물로 퉁퉁 불은 젖으로
강아지를 먹이고
밤에는
밤새워 우는 귀뚜리 새끼들도 불러와
품에 안고 먹인다.

단풍나무

나무 농장에서 단풍나무를 캔다.
정원수로 팔린 모양이다.
캐 낸 움에서
포실포실 잘 익은 밥 냄새 같은
흙냄새가 훅, 끼쳐온다.
나무 밑동 잔뿌리들이
실뭉치처럼 엉켜 뭉쳐 있다.
저 작은 생명을 위해
저렇게 많은 잔뿌리가 필요했구나 싶어
가슴이 애잔해진다.
단풍나무는
칠년을 키운 나무란다.
홍조를 띤 일곱 살 단풍나무.
어느 집 정원수로 심어져
딸처럼 사랑 받을 것을 생각하니
내 마음이 단풍잎처럼
붉게 물든다.

면장갑

누군가 일을 끝내고 가다가
길바닥에 떨어뜨리고 간
면장갑.

사람의 살 냄새와
땀 냄새가 배여 있는
면장갑.

이 세상에는 아직도
맨손을 못에 긁히며 살아가는
사람들이 있기에

그들의 맨손에 끼워주고 싶어서
나는 길바닥의 면장갑을 주워들었다.
아직도 사람의 온기가 남아 있는.

쑥을 캔다

들녘에서 아낙네들이 쑥을 캔다.
손에 쑥물이 밴다.

"봄볕 참 좋지예"
"하모, 그렇고말고예"
야들야들한 쑥의 허리를 가진 그녀들.

그녀들의 몸에서
코끝을 톡 쏘는
알싸한 쑥 향기가 난다.

어느 집에선가 쑥국 끓이는
쑥빛 연기 몽실몽실 솟을 것만 같은 봄날.

쑥국 한 그릇에 아이들은
해 바른 양달에서
"나의 살던 고향은 꽃 피는 산골"
쑥국새처럼 노래 부르며
고무줄뛰기 하겠다.

쪼그만 풀꽃

목련처럼 크고 화려한 꽃보다
별꽃이라든지 봄까치꽃 구슬붕이꽃 같은
쪼그만 꽃에 더 눈길이 간다.

겸허하게 허리를 굽혀 바라보아야
비로소 보이는 꽃.
하마터면 밟을 뻔해서
미안한 마음으로 바라보아야
비로소 보이는 꽃.

보듬어 주고 싶어도
너무 너무 작아서
보듬어 줄 수 없고,
나비도 차마 앉지 못하고
팔랑팔랑
날갯짓만 하다 가는 꽃

눈으로나마
보듬어주고 안아주고 싶어서
자꾸만 눈길이 간다.

가을아 머물다 가거라

여름의 태양은 뜨거웠고
빗방울은 굵었고
매미 소리는 짜랑짜랑 여름을 달구었다.

뭉게구름이 모두에게 나눠 먹일 밥을
뭉게뭉게 짓던
뜨거운 열기의 여름은 가고
별들이 수수알처럼 여무는 가을.

강물이 살찌운 버들붕어를 잡아
아이는 강에서 돌아오고
별빛 총총 박혀 영근 들깨
머리에 이고
어머니는 들에서 돌아온다

가을아 머물다 가거라
늦게 열린 열매들이 다 익을 때까지
밤새 울던 풀벌레들이
풀이슬 같은 알을 다 낳을 때까지

빈 의자

아이가 식탁 곁에
빈 의자를 갖다 놓는다.
왜 그러냐고 묻자
누구라도 배고프면
와서 앉아
밥 먹고 가라고 그런단다.

아하! 그러고 보니
세상에는
누군가 갖다 놓은
빈 의자가 많구나.

나무 곁에는
푸른 그늘로 엮은
빈 의자

난로 곁에는
따뜻한 불빛으로 만든
빈 의자

그래야지
나도 내 마음 곁에
빈 의자 갖다 놓아야지
누구라도 외로우면
앉았다 가라고.

삐비꽃

들길을 가다가 삐비꽃을 보았다.
초등학교 내 옆자리에 앉았던
얼굴이 얽은 곰보딱지 친구처럼
반가운 삐비꽃.

들길에 엎드려 물코를 훌쩍이며
뽑아먹던 삐비.
삐비를 한 입 물고 쳐다보면
쑥버무리떡처럼 맛있어 보이던 구름들.

우리를 위해 삐비를 먹지 않고
남겨 놓던 들길의 염소
그 염소 뿔 위에 걸려 있던
하이얀 낮달.

나는 순한 초식동물처럼
삐비를 뽑아 씹으며
머언 남쪽 고향 하늘을 바라본다.

문득
내 머리에 하이얀 삐비꽃* 같은
뿔이 돋는다.

---

* 고향에서는 삘기를 삐비라고 했고 그 삘기에 피는 꽃을 삐비꽃이라고 불렀다

강마을을 지나다

길은 강으로 뻗어 있다.
파밭에서 일하는 여자에게
아름다운 날이군요, 하고 인사를 건넨다.
수줍게 인사를 받는 그녀의 목덜미에서
파빛 강이 흔들린다.

보리 이삭이 패기 시작하면서 태양은
올해 첫 수확의 기쁨을 기다리고
파꽃은 얼굴에 총총히 강이 박혀 핀다.

이 동리에 무슨 즐거운 혼사라도 있었던가
오동꽃이 만발하다. 나는 허리를 굽혀
오동꽃을 줍는다.
개가 짖는다.

누가 문을 열고 마루로 나오며
누구세요, 하고 묻는다.
달밤이면 마루 끝까지 강물이 밀려오고
그때도 누구세요, 누구세요, 하고 끝없이 묻겠지
저 사람이 그리운 목소리…

바람이 불면 우는 갈대 지붕.
오늘은 새들이 꼬리 깃털의 거친 바람을 손질하며
강을 거슬러 올라갈 준비를 하고 있다.
아름다운 목청을 다듬고 있다.

흙 묻은 손

내가 사는 아파트 가까이
버려진 땅을 일구어 사람들은 밭을 만들었다.
사람들이 촘촘히 뜨개질을 하듯
심은 옥수수와 콩과 고추들.
꿀벌이 날아와 하늘로 꽁지를 치켜들고
대지의 꿀을 빨아들이고
배고픈 새들은 내려와
무언가를 쪼아 먹고 간다.

아파트 불빛처럼 외로운 사람들은
제 가슴의 빈 터를 메우듯
호미를 들고 와 흙을 북돋워주고 풀을 뽑는다.
옥수수 잎에 후드득 지는 빗방울은
사람들의 핏방울로 흐르고
저녁에는 푸른 별 같은
콩이 열린다.

흙 묻은 손으로
옥수수와 콩과 고추와 나누는
말없는 따뜻한 수화.

사람들의 손길 따라
흙은 선한 사람의 눈빛을 띤다.

가을이면 사람들은 흙 묻은 손으로
빨갛게 익은 고추를 따고
흙에서 태어난 벌레들은
밤늦게까지 식구들의 옷을 짓는
재봉틀 소리로 운다.

슬프고 외로울 때면
호미를 들고 밭으로 가는 사람들.
겨울에는 시리고 적막한 무릎을 덮는
무릎 덮개처럼
눈이 쌓인다.
사람들이 일군 마음의 밭에.

지은이 · 나태주, 권달웅, 유재영, 이준관
펴낸이 · 유재영
펴낸곳 · 주식회사 동학사

1판 1쇄 · 2024년 5월 20일
1판 2쇄 · 2024년 12월 23일

출판등록 · 1987년 11월 27일 제10-149

주소 · 04083 서울 마포구 토정로53 (합정동)
전화 · 324-6130, 324-6131 | 팩스 · 324-6135
E-메일 | dhsbook@hanmail.net
홈페이지 | www.donghaksa.co.kr
www.green-home.co.kr

ⓒ 나태주 · 권달웅 · 유재영 · 이준관, 2024

ISBN 978-89-7190-883-9 03810

※ 저자와의 협의에 의해 인지를 생략합니다.
※ 잘못된 책은 바꾸어 드립니다.